DE LA CONFRÉRIE

DE LA

BONNE MORT

Par
Jean-Louis de Biasi

Sous les auspices
de la Confrérie de la Bonne Mort
et de l'Archiconfrérie de Ieschouah

Éditions Theurgia
www.theurgia.us

Éditeurs : Jean-Louis de Biasi - Patricia Bourin

Éditions Theurgia © 2020
304 A. Jones Blvd #3664, Las Vegas, NV, 89107, USA
secretary@theurgia.us
Fabriqué aux États-Unis
ISBN : 978-1-926451-31-2

Vous pouvez obtenir plus de renseignements sur la nature et le
fonctionnement de la « Confrérie de la Bonne Mort » et
« l'Archiconfrérie de Ieschouah » sur les sites Internet suivants :
www.BonneMort.org et www.ieschouah.org

Découvrez les autres publications de "Theurgia", les formations
et cours par correspondance sur les sites Internet suivants :
www.theurgia.us – www.TheurgiaUniversity.com

SOMMAIRE

1. BUT DE LA CONFRERIE DE LA BONNE MORT

- Le but de la Confrérie est avant tout d'obtenir la grâce de bien mourir, tout en obtenant par la prière et les pratiques spirituelles une bonne mort pour l'ensemble des frères et sœurs.

- Tous les frères et sœurs s'engagent à assister spirituellement et matériellement les membres de cette chaîne spirituelle lors de la mort d'un des leurs.

- Tous se placent sous la protection de Ieschouah, de la Vierge Marie, des Saints Anges Gardiens et de Saint Joseph patron de la confrérie afin d'éviter une mort douloureuse.

- Tous se préparent par une purification et des pratiques spirituelles régulières à une vie glorieuse dans le royaume céleste.

- Les frères et sœurs prient pour le mourant et anime spirituellement le « sceau de passage » détenu par le membre.

- Les frères et sœurs peuvent participer aux "Mystères de la Bonne Mort" sous les conditions expliquées dans le manuel de la confrérie.

2. PRATIQUES DE LA CONFRERIE

Un culte tout spécial

– Envers Notre-Seigneur Jésus-Christ mourant en croix et sa manifestation en gloire en tant que Ieschouah ;

– Envers la Très Sainte Vierge Marie, dont le cœur fut transpercé d'un glaive de douleur sur le Calvaire ;

– Envers les Saints Anges Gardiens ;

– Envers le bienheureux Saint joseph, qui eut l'insigne privilège de mourir entre les bras de Jésus et de Marie, et qui en conséquence est invoqué comme patron et modèle de la bonne Mort.

Activités des frères

- La pratique individuelle des exercices spirituels liés à la mort enseignée dans la confrérie ;
- Les prières individuelles quotidiennes ;
- Les prières faites en commun par les frères et sœurs, les jours de réunion.
- Les visites des Frères et sœurs malades ou indigents ;
- L'aide spirituelle et matérielle des frères et sœurs de cette chaîne spirituelle ainsi que leurs proches lors de leur mort ;
- Assister aux réunions et aux instructions ;
- Examiner sa conscience, le soir avant de se coucher ;
- La propagation de la confrérie auprès de tous ceux qui ne la connaissent pas, suivant l'enseignement de l'évangile « Donnez et vous recevrez ».

Les Frères et sœurs sont invités

Prières quotidiennes

A réciter chaque jour le chapelet de Ieschouah de la façon indiquée plus loin en mémoire de la mort et résurrection de Ieschouah.

Activités communes

A assister autant que possible aux réunions de la Confrérie, le premier Dimanche de chaque mois et à ses fêtes annuelles.

Pratiques particulières de la confrérie en faveur des frères et sœurs décédés

1. Tous les membres de la confrérie réciteront un chapelet pour chacun des frères et sœurs dont la mort est annoncée le jour de la réunion ;

2. Tous les frères et sœurs récitent un chapelet le jour de l'annonce du décès d'un des membres, tout en le recommandant spirituellement à Ieschouah et aux Saints Anges de la façon accoutumée ;

3. Chaque année, à la réunion de Novembre, les prières seront spécialement faites pour les frères et sœurs décédés, qu'on n'aurait pas pu recommander auparavant aux prières de la Confrérie ;

4. Directe assistance spirituelle selon l'enseignement de la confrérie des sœurs et frères en train de mourir et venant de décéder ;

5. Assistance aux funérailles du frère ou de la sœur et animer pour le défunt son « sceau de passage ».

Il est fondamental que tous les frères et sœurs s'efforcent par-dessus tout de vivre selon les plus hauts principes moraux, pratiquer la purification intérieure, donner le bon exemple, pratiquer l'empathie envers toute créature, respecter leur liberté de conscience et prier pour leur procurer la grâce d'une bonne mort. Enfin, chacun n'omettra aucune occasion favorable pour procurer l'extension et la prospérité de la Confrérie.

Jours de célébration et d'observance

– Le jour de la réunion mensuelle de la Confrérie qui est toujours le premier dimanche du mois, à moins d'avis contraire ;

– Agonie ou décès d'un frère ou d'une sœur ;

– Noël ;

– L'Épiphanie ;

- Pâques ;
- L'Ascension ;
- La Pentecôte ;
- La Sainte-Trinité ;
- La Fête-Dieu ;
- La Toussaint ;
- Le 4e Dimanche de Janvier
- Le 3e Dimanche après Pâques, fête du Patronage de S. Joseph ;
- Le 3e Dimanche de Septembre, fête de Notre-Dame des Sept Douleurs.
- Le 2 février, fête de la Purification.
- Le 24 février, fête de S. Mathias, apôtre.
- Le 19 mars, fête de S. Joseph.
- Le 25 mars, fête de l'Annonciation.
- Le 1er mai, fête de S. Philippe et de S. Jacques, apôtres.
- Le 24 juin, fête de S. Jean-Baptiste.
- Le 29 juin, fête de S. Pierre et de S. Paul, apôtres.
- Le 25 juillet, fête de S. Jacques, apôtre.
- Le 1 5 août, fête de l'Assomption.
- Le 24 août, fête de S. Barthélémy, apôtre.
- Le 8 septembre, fête de la Nativité.
- Le 21 septembre, fête de S. Matthieu, apôtre.
- Le 28 octobre, fête de S. Simon et de S. Jude, apôtres.
- Le 30 novembre, fête de S. André, apôtre.
- Le 8 décembre, fête de l'immaculée Conception.
- Le 21 décembre, fête de S. Thomas, apôtre.
- Le 27 décembre, fête de S. Jean, apôtre.

Conditions d'admission

Il suffit de suivre la formation disponible sur le site Internet www.theurgiauniversity.com.

Trois jours de l'année ont été spécialement choisis pour la réception solennelle des nouveaux membres de la Confrérie soit localement soit en direct sur Internet :

- Le 1er Dimanche de Janvier ;
- Le 3e Dimanche après Pâques, fête du Patronage de S. Joseph ;
- Le 3e Dimanche de Septembre, fête de Notre-Dame des Sept Douleurs.

Le nouveau membre de la Confrérie est alors inscrit sur le registre officiel de la confrérie et peut participer à tous les enseignements de la Confrérie.

Ordre des exercices pour le jour de réunion de la confrérie

La Confrérie se réunit le premier Dimanche de chaque mois, à moins d'avis contraire.
Voici l'ordre des exercices :

- Réunion des membres du Conseil et courte discussion sur tout ce qui peut contribuer au bien spirituel de la Confrérie.
- Récitation d'une dizaine de chapelet pour attirer les bénédictions du Ciel sur tous les frères et sœurs.
- On terminera le chapelet par les invocations suivantes : « O Jésus mort en croix pour le salut des hommes, ressuscité et élevé en Gloire en tant que Ieschouah, ayez pitié de nous ; » « O Saints Anges Gardiens, nos protecteurs, priez pour nous ; » « O Marie, transpercée d'un glaive de douleurs sur le Calvaire, priez pour nous ; » « O Joseph, patron et modèle de la bonne mort, priez pour nous. »
- Proclamation des indulgences, soit plénières soit partielles, que les confréries peuvent gagner durant le mois.

– Recommandation spéciale des frères et sœurs défunts, malades ou éprouvés par quelque malheur. Ceux qui désireraient recommander aux prières de la Confrérie quelque intention particulière, le ferons par les moyens indiqués sur le site internet.

Consécration des membres

Les candidats sont reçus selon la procédure de l'Ordre soit localement, soit en direct sur Internet aux jours prévus par les règles.

Les jours de réception se terminent par le Te Deum ; les autres jours, par celle de la formule de Consécration. Enfin le président récite le chapelet de Ieschouah selon la coutume de la confrérie.

3. METHODE POUR SE PREPARER A LA MORT

Le premier Dimanche du mois, jour de la réunion de la Confrérie, chaque associé peut selon sa dévotion se préparer plus particulièrement à la mort. Voici une méthode qu'on pourra suivre avec fruit.

Elle consiste à nous mettre dans les dispositions où nous souhaiterions nous trouver à notre dernière heure et à pratiquer les actes que nous voudrions faire en ce moment si décisif pour notre salut.

1. — Dès le matin en vous éveillant, imaginez que votre Ange gardien vient vous dire, comme le prophète Isaïe à Ezéchias : « Mettez ordre à vos affaires, car vous mourrez, et votre vie va finir. »

Occupez-vous de cette pensée en vous habillant et remerciez Dieu de ce qu'il vous donne encore le temps de vous disposer à la mort.

Faites ensuite la prière du matin avec autant de ferveur que si elle devait être la dernière de votre vie. Offrez à Dieu votre cœur, vos actions, vos peines, tant du corps que de l'âme, en union des souffrances de Jésus-Christ mourant. Priez le Christ ressuscité, Ieschouah, par l'intercession de Marie et de Joseph, de vous aider à bien faire votre préparation à la mort.

2. — Agenouillé devant les symboles de la confrérie et portant la médaille bénite reçue lors de votre réception faites quelques réflexions sur les vérités suivantes : « Je suis encore en vie, mais bientôt je n'y serai plus.... Je mourrai comme tels et tels que j'ai connus.... Que penserai-je alors des biens, des honneurs et des plaisirs de la vie ?... Quels sentiments aurai-je alors de la vertu ?... Suis-je prêt à paraître devant Dieu ?... En quel état est ma conscience ?... Rien ne m'empêche-t-il d'aimer Dieu et de mourir dans son amour ?... N'y a-t-il point quelque affection dangereuse, ou quelque aversion secrète dans mon cœur ? Mes mains sont-elles entièrement nettes du bien d'autrui ?... Ai-je réglé mes affaires et suis-je en état, s'il fallait partir de ce monde, de ne m'occuper que de mon éternité ? » Répondez à toutes ces questions ou autres semblables et quand vous aurez reconnu ce qui vous ferait le plus de peine si vous deviez mourir avant la fin de cette journée, formez la résolution d'y remédier sans délai.

3. — Pénétré de ces sentiments, purifiez-vous comme si c'était la dernière fois de votre vie.

4. — Prenez la ferme résolution de ne rien omettre de ce que Ieschouah vous inspirera pour le bien de votre âme. Suppliez-le de vous établir et de vous fortifier dans les dispositions où vous devez être pour bien mourir et conjurez-le de former votre mort sur le modèle de celle qu'il vécut lors de sa vie terrestre. Adressez-vous ensuite à Marie comme à votre bonne mère et à votre puissante avocate, et suppliez-la de vous assister dans vos derniers moments. Recourez aussi à l'intercession des Saints Anges et de S. Joseph, comme protecteur des agonisants et patron de la

bonne mort. Enfin terminez ces actes de préparation par le testament spirituel.

5. — Avant de vous endormir, accomplissez les méditations de la bonne mort enseignées par la confrérie.

4. Testament spirituel

Prière :

Au nom du Père, et du Fils, et du Saint-Esprit. Amen !

Moi ...*Dites votre nom...* pauvre pécheur, racheté par les mérites du précieux sang de Jésus-Christ,

Moi, ...*Dites votre nom...* membre de la Confrérie de la Bonne Mort, invoque respectueusement le nom de Ieschouah.

O Ieschouah, tu es mon Maître et Seigneur et mon illumination vient de toi.

Puisse ta divine lumière éclairer mon être maintenant et pour les siècles des siècles.

Jouissant d'une parfaite liberté d'esprit, incertain de ma dernière heure, poussé par l'amour que j'ai pour mon Sauveur et pour le salut de mon âme, j'ai résolu de faire l'arrangement suivant, afin que, si la mort vient à me surprendre, je sois néanmoins en état de paraître devant mon Souverain Juge.

Je confesse donc en premier lieu, devant le Dieu tout-puissant et en présence de toute sa Cour céleste, que je veux vivre et mourir conservant les principes sur lesquels j'ai fondé ma vie. Mon désir est de conserver jusqu'à mon dernier soupir cette même foi.

En second lieu, je pardonne de tout cœur à tous mes ennemis, quels qu'ils soient, par amour pour Ieschouah et j'espère fermement, qu'étant infiniment miséricordieux, il me pardonnera aussi tous mes manquements, dont je me repens de tout mon cœur, parce qu'ils ont si grièvement offensé sa divine Majesté.

Troisièmement, je recommande mon âme aux cinq plaies sacrées de mon Sauveur, comme un bien qui lui appartient, puis qu'il a versé son sang pour elle. Je le supplie très-instamment qu'il daigne la recevoir comme l'ouvrage de ses mains, afin qu'au sortir de ce monde, elle trouve un asile assuré auprès de lui. Pour mon corps, comme il a été formé de la terre, je l'y remets en dépôt. Je demande aussi d'avoir part à toutes les prières et aux bonnes œuvres qui se sont faites et se feront encore dans la Confrérie de la Bonne Mort à laquelle j'appartiens.

Quatrièmement, je désire ardemment à l'article de la mort, après avoir détesté et confessé sincèrement tous mes manquements, recevoir le « sceau de passage » animé par un de mes frères ou une de mes sœurs. Je prie très humblement Ieschouah de ne pas me refuser cette précieuse faveur, afin que mon âme, affermie et fortifiée par cette divine nourriture, entre avec plus de courage dans le chemin de l'éternité.

Cinquièmement, je recommande à la protection du Très-Haut tous mes parents et tous mes proches. Comme j'espère les revoir un jour tous dans le sein de la gloire, j'espère aussi qu'ils m'assisteront par leurs secours spirituels. Je m'engage de même à les secourir du haut du Ciel, dès que le Seigneur m'y aura introduit.

Sixièmement, je me recommande auprès de la très-sainte Mère de mon Seigneur et de mon Dieu. Je me recommande à sa protection maternelle, avec une confiance vraiment filiale, maintenant et surtout à l'heure de ma mort. Je remercie mon saint Ange gardien de tous les soins charitables dont il m'a entouré jusqu'ici. J'espère qu'il m'assistera encore jusqu'à la fin de ma vie et qu'il me préservera du danger de me perdre. Enfin, je vous prie, ô divin Sauveur, Ieschouah, de bien vouloir accepter ce testament, qui renferme mes dernières volontés, que je ratifie et confirme de nouveau, vous suppliant de le ratifier et de le confirmer vous-même, de sorte qu'aucun accident ne puisse l'infirmer, ni me séparer de vous. C'est dans ces dispositions que je veux mourir, pour vivre éternellement dans le royaume céleste.

Que le nom de Ieschouah soit béni, maintenant et dans les siècles des siècles !

Mon secours est dans son saint nom.

5. LA PERSEVERANCE FINALE

La grâce des grâces est la persévérance finale. Mais Dieu ne la doit et ne l'a promise à personne : voilà pourquoi les maîtres de la vie spirituelle recommandent tant de demander sans cesse à Dieu la grâce de bien mourir ; car la bonne mort est la persévérance finale obtenue.

6. PRIERES POUR OBTENIR UNE BONNE MORT

Trois offrandes à la sainte trinité pour obtenir une bonne mort

Première offrande

Nous offrons à la très-sainte Trinité les mérites de Jésus-Christ, en actions de grâces de la sueur du précieux sang qu'il répandit pour nous au Jardin des Oliviers. Aujourd'hui ressuscité et présent en gloire, nous supplions notre Maître et Seigneur Ieschouah de nous pardonner nos manquements.

Deuxième offrande

Nous offrons à la très-sainte Trinité les mérites de Jésus-Christ, en actions de grâces de la précieuse mort qu'il endura pour nous sur la croix. Aujourd'hui ressuscité et présent en gloire, nous supplions notre Maître et Seigneur Ieschouah de nous pardonner nos manquements.

Troisième offrande

Nous offrons à la très-sainte Trinité les mérites de Jésus-Christ, en actions de grâces de l'ineffable charité par laquelle il descendit du ciel en terre, pour prendre notre chair, souffrir et mourir pour nous en croix. Aujourd'hui ressuscité et présent en gloire, nous supplions notre Maître et Seigneur Ieschouah de de conduire nos âmes, après notre mort, à la céleste gloire.

Prières en forme de litanies pour obtenir une bonne mort

Ieschouah, mon Seigneur, Dieu de bonté, Père de miséricorde, je me présente devant vous avec un cœur humilié, contrit et repentant. Je vous recommande ma dernière heure et ce qui doit la suivre.

Quand mes pieds immobiles m'avertiront que ma course en ce monde est près de finir, quand mes mains, tremblantes et engourdies, ne pourront plus vous serrer contre mon cœur, et que, malgré moi, je relâcherai mes bras, je dirai : « Miséricordieux Ieschouah, ayez pitié de moi. »

Quand mes yeux, voilés et troublés par l'effroi d'une mort imminente, porteront vers vous leurs regards incertains et mourants, je dirai : « Miséricordieux Ieschouah, ayez pitié de moi. »

Quand mes lèvres, froides et tremblantes, prononceront pour la dernière fois votre adorable nom je dirai : « Miséricordieux Ieschouah, ayez pitié de moi. »

Quand mes joues pâles et livides inspireront aux assistants la compassion et que mes cheveux, baignés des sueurs de la mort, annonceront ma fin prochaine, je dirai : « Miséricordieux Ieschouah, ayez pitié de moi. »

Quand mes oreilles, près de se fermer à jamais aux discours des hommes, s'ouvriront pour entendre votre voix prononcera mon nom, je dirai : « Miséricordieux Ieschouah, ayez pitié de moi. »

Quand mon imagination, agitée par des fantômes effrayants, sera plongée dans des tristesses mortelles ; que mon esprit, troublé par le souvenir de mes iniquités et par la crainte de votre justice, luttera contre l'ange de ténèbres qui voudrait me dérober la vue consolante de vos miséricordes, et me jeter dans le désespoir, je dirai : « Miséricordieux Ieschouah, ayez pitié de moi. »

Quand mon faible cœur, oppressé par la douleur et la maladie, sera saisi de la peur de la mort et épuisé par les efforts qu'il aura faits contre les ennemis de mon salut, je dirai : « Miséricordieux Ieschouah, ayez pitié de moi. »

Quand je verserai mes dernières larmes avant d'expirer, recevez-les en sacrifice d'expiation et dans ce terrible moment, je dirai : « Miséricordieux Ieschouah, ayez pitié de moi. »

Quand mes frères, mes sœurs, ma famille et mes amis, assemblés autour de moi, s'attendriront sur mon douloureux sort, et vous invoqueront en ma faveur, je dirai : « Miséricordieux Ieschouah, ayez pitié de moi. »

Quand j'aurai perdu l'usage de tous les sens, que le monde entier aura disparu pour moi et dans le travail de la mort, je dirai : « Miséricordieux Ieschouah, ayez pitié de moi. »

Quand les derniers soupirs de mon cœur presseront mon âme de sortir de mon corps, acceptez- les comme venant d'une sainte impatience d'aller à vous. Je dirai alors : « Miséricordieux Ieschouah, ayez pitié de moi. »

Quand mon âme, sur le bord de mes lèvres, sortira pour toujours de ce monde, et laissera mon corps pâle, glacé et sans vie, acceptez ma mort, comme un hommage que je viens de vous rendre. Je dirai : « Miséricordieux Ieschouah, ayez pitié de moi. »

Enfin, quand mon âme paraîtra devant vous et qu'elle verra pour la première fois la splendeur immortelle de Votre Majesté, ne la rejetez pas de devant votre face ; mais daignez me recevoir dans le sein de vos miséricordes, afin que je chante éternellement vos louanges !

Ieschouah, que ton nom soit béni, maintenant et dans les siècles des siècles !

Ieschouah, tu es venu en paix et lumière de l'homme, tu es vivant !

Ieschouah, mon secours est dans son saint nom.

Oraison

O Dieu, qui, nous condamnant à la mort, nous en avez caché le moment et l'heure, faites que, passant dans la justice et la sainteté tous les jours de ma vie, je puisse mériter de sortir de ce monde dans votre saint amour, par les mérites de Ieschouah, qui vit et règne avec vous dans l'unité du Saint-Esprit. Amen !

Prière pour demander la grâce d'une bonne mort

Prosterné devant le trône de votre adorable Majesté, je viens vous demander, ô mon Dieu, la plus grande de toutes les grâces, la grâce d'une bonne mort ! Quelque mauvais usage que j'aie fait de la vie que vous m'avez donnée, accordez-moi de la bien finir et de mourir dans votre amour.

Que je meure comme les saints Patriarches, quittant sans regret cette vallée de larmes, pour aller jouir du repos éternel dans ma véritable patrie !

Que je meure comme le bien heureux saint Joseph, entre les bras de Jésus et de Marie, en répétant ces doux noms que j'espère bénir pendant toute l'éternité !

Que je meure comme la très sainte Vierge, embrasé de l'amour le plus pur, brûlant du désir de me réunir à l'objet de toutes mes affections !

Que je meure comme Jésus sur la croix, dans les sentiments les plus vifs de haine pour le péché, d'amour pour mon Père céleste, et de résignation au milieu des souffrances !

Père saint, je remets mon âme entre vos mains, faites-moi miséricorde.

Jésus, qui êtes mort pour mon amour, accordez-moi de mourir dans votre amour.

Ieschouah, accordez-moi votre lumière bienfaisante.

Sainte Marie, mère de Dieu, priez pour moi, pauvre pécheur, maintenant et à l'heure de ma mort.

Ange du Ciel, fidèle gardien de mon âme, grands Saints que Dieu m'a donnés pour protecteurs, ne m'abandonnez pas à l'heure de ma mort.

Saint Joseph, obtenez-moi, par votre intercession, que je meure de la mort des justes. Amen !

Prière pour être préservé d'une mort douloureuse

O Seigneur Jésus qui êtes si miséricordieux, je vous en supplie par votre agonie, votre sueur de sang et par votre mort, délivrez-moi d'une mort douloureuse !

O Seigneur Jésus qui êtes si bon, je vous en conjure par votre cruelle et ignominieuse flagellation, par votre couronnement d'épines, par votre croix et votre douloureuse Passion, ne permettez pas que je meure inopinément quittant ce monde sans avoir purifié mon âme.

O Seigneur Jésus, Ieschouah, mon Messie et Sauveur, je vous supplie ardemment par vos travaux et vos douleurs, par votre précieux sang et vos plaies sacrées, par ces dernières paroles prononcées sur la croix : « Eloï, Eloï, lama sabbaqthani ? » et par ces autres : « Père, entre tes mains je remets mon esprit ! » délivrez-moi d'une mort violente !

Ce sont vos mains qui ont fait et formé tout mon être. Ne permettez pas que je sois inopinément frappé par la mort. Donnez-moi, je vous en conjure, le temps de me purifier. Accordez-moi le bonheur de passer heureusement de ce monde à l'autre, étant en état de grâce, afin que je vous aime de tout mon cœur, que je vous loue et vous bénisse durant toute l'éternité. Amen !

Prière à Jésus crucifié

O bon et très-doux Jésus, je me prosterne à genoux en votre présence.

Je vous prie et vous conjure, avec toute la ferveur de mon âme, de daigner graver dans mon cœur de vifs sentiments de Foi, d'Espérance et de Charité, un vrai repentir de mes égarements et une volonté très ferme de m'en corriger.

Je contemple en esprit vos cinq Plaies, avec une grande affection et une grande douleur, ayant devant les yeux ces paroles prophétiques que déjà David prononçait de Vous : « Ils ont percé mes mains et mes pieds, ils ont compté tous mes os ».

Première prière à Saint Joseph pour obtenir la grâce d'une bonne mort

Grand Saint, qui avez eu la consolation, sur votre lit de mort, d'être assisté par Jésus et Marie, priez pour que je meure de la mort des justes. Mais, pour que vous soyez plus sûrement exaucé, aidez-moi à demeurer comme vous sous les yeux de Jésus et de Marie, tout occupé à leur plaire, afin de mériter qu'ils m'assistent à la mort.

Obtenez-moi de mourir à moi-même, à mes passions, au monde, à tout ce qui n'est pas Dieu, afin de vivre uniquement pour la gloire de mon divin Maître Ieschouah. Je veux, sous votre sainte protection, commencer dès maintenant ma préparation à la mort, en reconnaissant mes manquements, en me purifiant, en me confiant en la miséricorde divine, en aimant Notre-Seigneur de toutes les forces de mon cœur.

Jésus, Marie, Joseph, bénissez mes résolutions.

Jésus, Marie, Joseph, priez pour moi maintenant et à l'heure de ma mort.

Amen !

Seconde prière à Saint Joseph, patron de la bonne mort

Glorieux saint Joseph, protecteur des agonisants qui espèrent en vous, l'heure et le moment que j'ignore, mais que mon Dieu a fixés dans sa sagesse viendront bientôt. A mon tour, je passerai de cette vie fragile à une vie immortelle. C'est pour prévenir ce moment terrible de ma mort que je vous adresse aujourd'hui mes humbles prières.

Je connais le nombre de mes erreurs et manquements.

Je sais tout ce que j'ai à craindre de la sévérité de mon Juge, mais je n'ignore pas aussi quelle est l'étendue de sa miséricorde. Obtenez-moi, Père nourricier de Jésus, la grâce d'un sincère repentir. Soutenez-moi dans la résolution que je prends de mener une vie sainte, qui sera pour moi une préparation continuelle à la mort.

Je sais, par les miracles opérés dans tous les siècles, qu'aucun de ceux qui ont eu recours à votre protection n'a été trompé dans son attente. J'espère que vous me ferez sentir, principalement à l'heure de la mort, que ce n'est point en vain que j'ai mis en vous ma confiance. Amen.

Oraison à Saint Joseph

Père et protecteur des frères et sœurs de la confrérie, bienheureux Joseph, vous à qui furent confiés Jésus, l'innocence même, et Marie sa mère ; je vous prie, avec toute la ferveur de mon âme, au nom de Jésus et de Marie, ce double gage de notre tendresse, de m'obtenir la grâce, qu'étant toujours préservé de l'impureté, je puisse servir Jésus et Marie, avec un esprit, un cœur, et un corps purs. Amen.

Prière pour être préservé de mort douloureuse

Rien de plus redoutable qu'une mort douloureuse, violente ou soudaine. Être à l'improviste arraché à ses affaires, à ses richesses, à ses passions et se trouver seul, éperdu, en présence du tribunal céleste sans préparation, sans un instant pour se reconnaître !... Quelle affreuse pensée et quel terrible avenir ! Celui qui croirait pouvoir l'affronter sans frémir, aurait oublié cette parole de l'Ecriture : « Personne ne sait s'il est digne d'amour ou de haine ».

O Seigneur Ieschouah, O Père céleste, demandez à vos anges d'être auprès de moi et de me protéger tout au long de ma vie.

Prières

Dieu Sauveur, toi le messie, Ieschouah, exaucez notre prière. Ne finissez point nos jours avant de nous permettre de nous purifier.

Puisque je peux aujourd'hui me repentir et changer ma vie, je vous conjure de m'accorder le temps de vivre conformément aux plus hauts principes moraux.

Dieu Sauveur, toi le messie, Ieschouah, nous vous en prions d'éloigner de nous toutes les erreurs et les maladies cruelles qui frappent soudainement de mort. Préservez-nous de ces souffrances et donnez-nous une bonne et paisible mort afin que nous rejoignions ton royaume en paix. Amen !

Antiennes

Cesse enfin de fléchir, ô mon âme ! Pense au jugement et aux tourments terrifiants qui peuvent en découler ! Il sera alors trop tard pour changer et les larmes coulent infructueuses ! Tandis qu'il en est temps encore, purifies-toi, contrôle tes désirs et conduis-toi avec droiture.

Vivants, nous sommes déjà aux prises avec la mort. Qui appellerons-nous à notre secours, si ce n'est vous, ô mon Dieu ? Dieu saint, Dieu saint et fort,

Dieu saint, miséricordieux et sauveur, ne nous livrez point aux surprises de la mort !

De peur que, surpris tout à coup par le jour de la mort, nous demandions le temps de changer notre existence, sans que nous puissions l'obtenir, disons : « Daignez nous écouter, Seigneur et ayez pitié de nous.

Dieu tout-puissant, accueillez-nous avec une bonté toute paternelle, alors que nous cherchons auprès de vous un abri et un réconfort.

Par Ieschouah, qui est venu en paix et lumière de l'homme est vivant pour les siècles des siècles !

Dieu tout-puissant, nous vous en prions, laissez-vous fléchir en notre faveur. Par cette admirable bonté qui nous tira du néant, pardonnez nos péchés, afin qu'une mort douloureuse ne fasse point périr l'ouvrage de vos mains.

Dieu tout-puissant, accueillez-nous avec une bonté toute paternelle, alors que nous cherchons auprès de vous un abri et un réconfort.

Seigneur, exaucez nos prières. Veuillez ne point nos juger aujourd'hui car nous n'avons pas achevé notre purification et nous ne sommes pas encore prêts. Nous reconnaissons que vous êtes une source inépuisable de bonté, qui daignera, nous en avons la confiance, nous délivrer de la mort subite et de tous nos maux.

Par Ieschouah, qui est venu en paix et lumière de l'homme est vivant pour les siècles des siècles !

O Dieu, sous les yeux de qui tous les cœurs tremblent et tous les êtres s'inclinent humblement, répandez, nous vous en supplions, votre miséricorde sur nous, afin que ne nous soyons pas frappés de mort subite et douloureuse, mais que nous éprouvions, au contraire, les effets de votre protection. Par Ieschouah, qui est venu en paix et lumière de l'homme est vivant pour les siècles des siècles !

Amen !

O très-miséricordieux Seigneur Jésus ! Par votre agonie, par votre sueur de sang et par votre mort, délivrez-nous de la mort violente, douloureuse ou imprévue.

O très-doux Seigneur Jésus ! Nous vous supplions humblement par votre cruelle et ignominieuse flagellation, par votre couronnement d'épines, par votre croix, par votre passion et par votre bonté, ne permettez pas que nous mourions douloureusement sans être préparé et à l'autre vie.

O très-aimé Seigneur Jésus ! Nous vous en conjurons ardemment, par vos travaux et vos douleurs, par votre précieux sang et vos saintes plaies et par ces dernières paroles prononcées sur la croix : « Eloï, Eloï, lama sabbaqthani ? » et par ces autres : « Père, entre tes mains je remets mon esprit ! » délivrez-nous d'une mort violente et imprévue !

O Ieschouah, toi notre Rédempteur ! Ce sont vos mains qui ont fait et formé notre être. Ne permettez pas que nous soyons inopinément frappés par la mort. Donnez-nous, nous vous en conjurons, le temps de nous purifier. Accordez-nous le bonheur de passer heureusement de ce monde à l'autre, étant en état de grâce, afin que nous vous aimions de tout notre cœur, que nous vous louions et vous bénissions durant toute l'éternité. Amen !

On ajoute un chapelet en l'honneur de la Passion de notre divin Rédempteur Ieschouah.

Prière à l'Ange Gardien

O mon bon Ange, ami fidèle, qui m'avez été donné par le Seigneur pour être mon guide et mon protecteur, Ange de paix à qui j'ai fait bien souvent verser des larmes amères, je vous en prie, venez à mon secours dans le dernier combat de ma vie.

Défendez-moi contre les attaques de l'esprit infernal.

Protégez-moi contre les horreurs de l'agonie et les ombres de la mort.

Présentez mon âme au Souverain Juge, mais purifiée dans ses larmes des souillures de la chair, ornée des vertus de Foi, d'Espérance et d'Amour.

Obtenez-lui la grâce d'une sentence favorable, afin qu'elle puisse, avec vous, louer et bénir, adorer et contempler la divine bonté dans tous les siècles des siècles. Amen.

7. PRIERES POUR LES MORTS

Courte et efficace prière pour les défunts

Ayez pitié, ô divin Ieschouah, des âmes égarées, vous qui, pour montrer l'exemple, avez revêtu la nature humaine et subi la mort la plus amère. Ayez pitié de leurs gémissements, ayez pitié des larmes qu'elles répandent en levant les yeux vers vous et par la vertu de votre passion, adoucissez leurs peines dues à leurs erreurs. Que le sang que vous avez versé soulager et assistent ceux qui souffrent. Tendez-leur la main et conduisez-les dans le lieu du rafraîchissement, de la lumière et de la paix. Amen !

Que Jésus-Christ, qui est mort et a été crucifié pour vous, ait pitié de vous, ô âmes très affligées.

Que par l'aspersion de son sang, il apaise vos tourments et vous révèle la lumière divine.

Je vous recommande à cet amour qui a attiré du Ciel sur la terre le Fils de Dieu et l'a soumis à la plus amère des morts.

Qu'il compatisse à vos peines avec cette même tendresse qu'il a témoignée à tous les malheureux, lorsqu'il était suspendu à la croix.

Pour vous soulager pleinement, je vous offre enfin tout ce filial amour que le même Jésus a eu dans sa divinité pour son Père et dans son humanité pour sa mère.

Je vous salue, âmes fidèles de Jésus-Christ.

Que le Christ, Ieschouah, vous donne le vrai repos en vous bénissant et vous donne la glorieuse résurrection. Amen !

Prière à la sainte Vierge pour les âmes du purgatoire

Sainte Marie, Mère de Dieu, consolatrice et secours des affligés, vous qui êtes aussi la Mère de toutes les âmes souffrantes et égarées, j'implore avec confiance l'immense bonté de votre cœur.

Je vous prie d'intercéder auprès de votre divin Fils Ieschouah ; afin que, par les mérites de son saint sacrifice, les âmes qui purifiées par le feu de la souffrance, comme l'or dans la fournaise, obtiennent le soulagement et la délivrance auxquels elles aspirent. Amen !

Prières pour les morts

Récitez cinq Pater avec l'invocation suivante :

Nous vous supplions, Seigneur, de venir au secours des âmes que vous avez rachetées par votre précieux sang.

Accordez-leur le repos éternel et faites-les jouir de la divine lumière. Amen !

Seigneur, vous qui êtes le Créateur et le Rédempteur de tous les fidèles, accordez aux âmes de vos serviteurs et de vos servantes la possibilité de se purifier et d'apprendre de leurs fautes passées afin qu'elles obtiennent le bonheur après lequel elles soupirent. Amen !

Chapelet de Ieschouah

Sur la médaille :

O divin Ieschouah, toi qui a revêtu un corps de chair, qui es mort sur la Croix pour nous sauver, ayez pitié de nous.

O divin Ieschouah, je crois en toi car tu es la vérité et la vie.

J'espère en toi car tu es fidèle à tes promesses.

Je t'aime par-dessus tout, car tu es infiniment bon.

Aux gros grains :

Notre Père (en hébreu ou latin).

Aux petits grains :

O divin Ieschouah, accordez aux âmes dans les ténèbres, la grâce de retrouver la lumière divine.

A la fin (trois fois) :

Sainte Marie, Mère de Dieu, priez pour les âmes encore dans les ténèbres afin qu'elle retrouve la lumière divine.

On conseille instamment de ne point passer un seul jour sans réciter ce chapelet si justement appelé « le grand libérateur des âmes dans les ténèbres ».

Prières au Seigneur pour les parents défunts

Mon Dieu, puisque c'est vous-même qui m'avez ordonné d'honorer mon père et ma mère, je ne saurais mieux faire, pour accomplir ce devoir, que de m'efforcer d'adoucir leurs tourments, s'ils sont encorc dans les ténèbres. Et c'est cela, Seigneur, que je viens vous demander à cet instant.

Je ne puis penser à eux sans que mon cœur soit ému par le souvenir de leur bonté et de leur tendresse. Récompensez-les maintenant de tant d'amour, puisque je ne puis le faire moi-même directement. Personne, Seigneur, ne mérite plus qu'eux votre miséricorde. Souvenez-vous du soin qu'ils ont pris de m'instruire de votre divine loi. Il ne s'est point passé de jour qu'ils ne m'aient parlé de vous, au moins indirectement et ne m'aient rappelé vos bienfaits. Toute leur inquiétude, en me quittant, était de me voir infidèle à leurs leçons et à votre amour.

Leurs dernières recommandations furent d'accomplir toujours votre sainte volonté : « Mon enfant, me dirent-ils, ne passe pas un jour sans penser à Dieu et conduis ta vie selon les plus haut principes moraux que ta conscience te révèle ».

Seigneur, je ne vous quitte point que vous ne m'ayez exaucé. Je sais que mes instances vous touchent. Je sais que mon sentiment est tout puissant sur votre cœur. Je vous prie et vous prierai sans cesse pour mes parents bien-aimés, convaincu que vous récompenserez un jour mon amour et ma reconnaissance pour eux.

Seigneur, libérez-les des ténèbres et faites luire sur eux votre éternelle lumière.

Amen !

8. PRIERES SPECIALES A L'USAGE DES FRERES ET SŒURS

Acte de Consécration

O divin Ieschouah, toi le Messie et Sauveur, plein de confiance en ta douloureuse Passion, je m'offre à toi en sacrifice de reconnaissance pour tout ce que tu as fait et souffert pour mon salut.

Je te supplie très humblement, Seigneur, par ta mort sanglante sur le calvaire, par les mérites de l'auguste Vierge Marie compatissant à tes douleurs au pied de la Croix, par l'intercession du Bienheureux saint Joseph, patron et modèle de la Bonne Mort, de m'accorder, ainsi qu'à tous les membres de cette Confrérie, la grâce inestimable d'une sainte mort, qui nous fasse arriver dans le séjour des Bienheureux baigné dans la lumière divine. Amen !

C'est la formule récitée par le Père Directeur au nom des nouveaux frères et sœurs, le jour de leur réception dans la Confrérie. Elle est souvent récitée quotidiennement par les membres de la chaîne spirituelle.

Prière pour les frères et sœurs vivants

O divin Ieschouah, toi le Messie et Sauveur, nous vous conjurons par vos plaies divines, par votre agonie, par votre sainte mort et par l'intercession de Marie, Mère de douleurs, de nous accorder et à tous les membres de notre Association, une force supérieure à tous les ennemis de notre salut et enfin une heureuse mort, afin que nous ne perdions pas le prix de vos souffrances. Amen !

Prière pour les frères et sœurs agonisants

O divin Ieschouah, toi le Messie et Sauveur, refuge spécial et assuré des agonisants, nous vous adressons tous nos vœux, vous suppliant, par les extrêmes douleurs que vous avez souffertes pour nous sur la croix, de bien vouloir secourir de votre grâce tous nos frères et sœurs qui sont à l'article de la mort, afin que l'ennemi commun de votre gloire et de notre salut ne prévale point contre eux.

Nous te prions de leur donner une heureuse fin, leur évitant toute souffrance et angoisse, les entourant dès leur mort de ta lumière divine pour les recevoir dans ta demeure céleste. Amen !

Prière pour les frères et sœurs décédés

O divin Ieschouah, toi le Messie et Sauveur, nous prions votre bonté infinie, par les mérites de votre Passion et votre mort, par l'intercession de Marie, Mère de douleurs, de saint Joseph et de tous nos saints patrons, d'accorder à tous les membres de notre confrérie, qui sont décédés, le bonheur d'être admis dans votre lumière divine et les recevoir dans votre demeure céleste où vous vivez et régnez dans tous les siècles des siècles. Amen !

9. QU'EST-CE QUE LA DEVOTION AUX SAINTS ANGES GARDIENS POUR LA BONNE MORT ?

C'est une pratique suivie lors de certaines périodes par des membres de la « confrérie pour la bonne mort ». Cette pratique peut évidemment être pratiquée par tout individu, qu'il fasse formellement partie de la chaine spirituelle de la confrérie ou non.

Cette union de prières est adressée aux Anges par toute personne voulant obtenir une sainte mort. Il est donc utile d'indiquer quels sont la fin, les moyens et la manière d'arriver à cette sainte communion spirituelle.

1° Le but de cette union est de bien mourir. Il est important de vivre selon des principes moraux vis-à-vis de soi-même et des autres, mais il est également fondamental de préparer sa propre fin. Qu'importeraient les plaisirs du monde, si l'on mourait sans n'avoir jamais compris quelles sont les valeurs essentielles de l'existence ?

2° Un des moyens pour arriver à cette fin est le culte des Saints Anges. Comme le dit Origène : « Ce sont nos tuteurs et ils ne refuseront rien à leurs pupilles. »

Ce sont nos frères ainés, dit Saint Grégoire le théologien déclare à son tour que « les anges sont nos frères ainés et qu'ils aiment leurs cadets. »

Gardons à l'esprit que ce sont nos gardiens et qu'ils nous protègeront lors de notre mort, lorsqu'il s'agira pour nous de tout gagner ou de tout perdre. Certes, leur nom d'Anges, leur caractère d'envoyés, la gloire de leur députation et l'obligation de ce grand ministère, l'amour enfin qu'ils nous portent, et cent autres choses, sont des preuves incontestables du secours que nous en devons attendre. Un de leurs dévots se trouvant à la mort, disait : « Voyez-vous ce bel Ange, qui met l'enfer en fuite ? C'est cet aimable prince, que Dieu a commis à ma garde. Ah ! qu'il est beau ! Adieu, mes frères, je m'en vais avec lui. »

Beaucoup de personnes attachées avec affection à leur Ange goûtèrent une extrême joie lors de leur mort. N'oubliez pas que notre Seigneur Jésus-Christ lui-même, étant à l'agonie dans le jardin des Oliviers, a voulu être visité, et fortifié par un Ange, quoiqu'il n'eût besoin ni de sa visite, ni de son secours. Il s'agissait seulement de nous apprendre le besoin que nous en aurons nous-mêmes au temps de notre agonie et le puissant secours que nous en recevrons.

3. Remarquez enfin la manière facile d'accomplir cette pratique spirituelle. Il suffit d'ouvrir ce recueil et de pratiquer ce qui est présenté. Un membre de la confrérie accomplira ces pratiques en union spirituelle avec ses sœurs et frères à un moment particulier. N'oublions pas que leur union de cœur et d'âme est renforcée et scellée par les objets sacrés consacrés par le responsable de la confrérie. Le bon Ange, qui a les registres du ciel, vous inscrira alors dans le livre de vie.

10. QUE FAUT-IL FAIRE POUR DEBUTER CETTE ŒUVRE SPIRITUELLE ?

Il n'y a que quatre choses à faire.

1- Purification personnelle en l'honneur des anges

Avant de débuter cette œuvre spirituelle, la première chose à faire est de vous purifier et de pratiquer la confession intérieure. Pour cela, vous vous abstiendrez de tout excitant et de chair animale pendant trois jours. L'idéal est de choisir ces jours de telle sorte que le troisième soit le premier dimanche du mois. Durant le vendredi et samedi vous pratiquerez vos prières habituelles. Le troisième jour, le dimanche, après vous être physiquement purifié, vous vous retirerez dans votre oratoire, ou dans un lieu silencieux. Vous pourrez alors pratiquer la purification intérieure, si cette procédure vous a déjà été enseignée dans le cadre de la « confrérie de la bonne mort ». Si ce n'est pas le cas, vous examinerez votre conscience afin de vous souvenir des moments pendant lesquels vous n'avez pas vécu conformément à vous plus haut principes moraux. Vous unissant alors mentalement à Ieschouah et aux saints anges, vous accepterez la réalité de ces manquements puis vous les confierez à la lumière purificatrice de l'esprit qui les effacera de votre âme. Vous renforcerez alors votre désir et votre volonté d'agir dans le futur conformément aux principes moraux et ne nuire à aucune créature.

2- Visite du sanctuaire de l'ange gardien

La seconde chose qu'il faut faire avant de débuter, est de vous recueillir et prier en silence une représentation de votre ange gardien. Vous pouvez également vous rendre dans un édifice consacré tel qu'une chapelle qui serait dédiée à un ange spécfique.

3- Office des anges

Vous vous engagerez de à faire tous les jours quelques prières tirées de ce recueil et adressées aux Anges dans le dessein d'obtenir la bonne mort pour vous et pour les autres frères et sœurs de la confrérie.

Vous pourrez également accomplir le petit office des anges gardiens. Celui-ci est présenté plus loin dans ce recueil.

4- Prière de dédicace

Avant de débuter l'œuvre spirituelle contenue dans cet ouvrage, vous allumerez la bougie de votre oratoire, puis une fois agenouillé vous prononcerez la prière suivante :

Mon très-cher et très-bon Ange, gardien de mon corps et de mon âme, toi que Dieu a désigné pour veiller en tout temps à ma garde, particulièrement à l'heure de ma mort, j'adresse cette prière !

Dans la peine où je suis de mes ingratitudes passées, je me présente humblement devant toi pour te présenter mon engagement. Au pied de l'autel sacré, comme après Ieschouah et sa sainte mère, tu es le fondement de l'espérance que j'ai de bien mourir. Je te fais la promesse que tu seras dorénavant l'objet de mes vœux, de mes respects et de mon amour.

Je te demande la grâce de m'assistez à l'heure de ma mort. C'est pour l'obtenir que je me propose d'accomplir cette pratique spirituelle au moins une fois l'an à ton honneur, de révérer ta représentation, et de te faire les prières quotidiennes.

Écoute-moi et fortifie-moi dans ce combat, car mon salut en dépend.

Conduis-moi au ciel, car c'est pour cela que tu es mon guide.

Amen.

11.   DES FRUITS DE CETTE ŒUVRE DANS LA CONFRERIE

Trois principales conséquences peuvent être mentionnées ici, qui seront également évoquées plus loin dans ce livre de dévotion envers les saints Anges, car c'est un bonheur que de mourir sous leur protection et celle de Ieschouah.

1- Le premier fruit est que nous nous acquittons ainsi d'une partie des grandes obligations que nous avons à nos bons Anges, et que par là nous nous attirons de plus en plus leurs soins, leur protection et leur amour.

Pensez à cette vérité : II n'y a point de bien que les anges ne vous aient procuré. Appliquez-le pour entrer dans de justes sentiments d'une reconnaissance éternelle.

2- L'autre fruit est que, pour bien mourir, nous vivions mieux que nous n'avons fait, soit en renonçant aux mauvais comportements et actions, soit en pratiquant les plus hautes vertus. Innombrables sont les exemples de ceux qui plongés bien avant dans le vice, s'en sont heureusement tirés avec le secours de leur bon Ange et ont depuis vécu en êtres vertueux.

3- Le troisième fruit est que nous aurons une bonne mort qui nous sera procurée par les prières des frères et sœurs de la confrérie. En effet, si la prière continuelle d'un homme juste est si puissante auprès de Dieu ainsi que l'assure l'Esprit Saint lui-même, que ne feront pas les demandes journalières de tant de milliers d'âmes justes et vertueuses.

Ces trois choses doivent suffire, pour toucher un cœur tant soit peu sensible aux intérêts de son salut.

12. PETIT OFFICE DES ANGES GARDIENS

A matines et a laudes

Prière

Pour notre bien, Dieu a commandé à ses Anges, qu'ils nous gardent et nous protègent tout au long de notre vie. Amen !

Seigneur Ieschouah, vous ouvrirez mes lèvres et ma bouche publiera vos louanges.

Mon Dieu, venez à mon aide.

Seigneur Ieschouah, hâtez-vous de me se courir.

Gloire soit au Père, et au Fils, et au Saint-Esprit, ainsi qu'elle était au commencement, maintenant et toujours, et dans les siècles des siècles. Amen !

Hymne

Saint Ange à qui Dieu a confié notre défense,

Toi qu'il envoie à notre secours toutes les fois où cela est nécessaire,

Viens auprès de moi et aide-moi dans les difficultés que je rencontre.

Antienne

Saints Anges, vous qui êtes mes gardiens, défendez-moi dans le combat afin que je ne sois pas repoussé lors du redoutable jugement.

Je chanterai les louanges de mon Dieu et mos Seigneur Ieschouah en présence des Saints Anges !

Je t'adorerai en ton saint temple et je bénirai ton saint nom.

Oraison

Grand Dieu, qui, par votre ineffable providence, daignez envoyer vos saints Anges pour nous garder, accordez à nos humbles prières, que nous soyons toujours défendus par leur protection et que nous jouissions à jamais de leur éternelle compagnie. Amen !

A Prime

Prière, Antienne et Oraison comme à Matines.

Hymne

Le superbe ange qui, pour sa fière audace, fut précipité du ciel et tomba dans les enfers est jaloux de voir que Dieu veut nous donner sa place.

Pour nous perdre avec lui, il veut nous charger de fers.

A Tierce

Prière, Antienne et Oraison comme à Matines.

Hymne

Venez, ange gardien, ange saint, frère intime, qui prenez soin de nous et ne dormez jamais.

Renversez les monstres de l'abîme et tout ce qui concourt à troubler notre paix.

A Sexte

Prière, Antienne et Oraison comme à Matines.

Hymne

Ecoute ma voix, ô Ieschouah, toi à qui la terre et le ciel font hommage.

Les saints anges adorent Dieu et l'homme son sauveur.

L'un et l'autre partagent l'héritage de Dieu.

Puissent chacun d'eux, au ciel, avoir part à sa faveur !

A None

Prière, Antienne et Oraison comme à Matines.

Hymne

Saint Michael, ange de paix, pacifiez la terre !

Chassez-en la discorde et faites disparaître nos maux.

Aux enfers, enchaînez, le démon de la guerre et poussez-le aux lieux les plus bas des antres infernaux !

A Vêpres

Prière, Antienne et Oraison comme à Matines.

Hymne

Vous, la force de Dieu, vous Gabriel, guerrier invincible, combattez ici-bas par le pouvoir du nom de Ieschouah.

Le Dragon vient à nous. Chassez ce monstre horrible et cueillez mille lauriers dans vos heureux combats !

A Complies

Prière, Antienne et Oraison comme à Matines.

Hymne

Saint Raphaël, ange saint, médecin de nos âmes et guide des pèlerins, venez nous secourir !

Accompagnez nos pas vers les demeures célestes du Père ! Brulez-nous de vos flammes et alors que nous sommes en proie à mille maux, venez nous guérir !

13. PRIERES AUX SAINTS ANGES

Recommandation

Saint ange gardien qui me voyez et me protégez, faites par le pouvoir de votre amour qu'à mon trépas Ieschouah me soit propice et que j'aie en expirant, le bonheur de le voir.

Amen !

Prière de l'ange gardien

Ange de Dieu qui es mon gardien et à qui j'ai été confié par la Bonté divine, éclaire-moi, défends-moi, conduis-moi et dirige-moi.
Amen !
(Texte latin : Ángele Dei, qui custos es mei, me tibi commissum pietáte supérna, hodie illúmina, custódi, rege et gubérna. Amen.)

Saint ange gardien, qui Dieu m'a confié à vous pour être en votre sainte garde.
Instruit, protégé et fortifié, faites que rien ne me retarde d'être avec vous glorifié devant notre Seigneur Ieschouah !
Amen !

Les litanies des Saints Anges

O Père, ayez pitié de nous.
Ieschouah, ayez pitié de nous.
O Père, ayez pitié de nous.
Ieschouah, écoutez-nous.
Ieschouah, exaucez-nous.
Père céleste, qui êtes Dieu, ayez pitié de nous (a.p.n.)
Fils de Dieu, rédempteur du monde, Ieschouah, a.p.n.
Saint-Esprit, qui êtes Dieu, a.p.n.
Sainte Trinité, un seul Dieu, a.p.n.
Sainte Marie, reine des Anges, priez pour nous (p.p.n.)
Saint Michel, p.p.n.
Saint Gabriel, p.p.n.
Saint Raphaël, p.p.n.

Saints Séraphins, p.p.n.

Saints Chérubins, p.p.n.

Saints Trônes, p.p.n.

Saintes Dominations, p.p.n.

Saintes Vertus, p.p.n.

Saintes Puissances, p.p.n.

Saintes Principautés, p.p.n.

Saints Archanges, p.p.n.

Saints Anges, vous qui environnez le trône sublime et élevé du grand Dieu, p.p.n.

Vous qui chantez incessamment devant Dieu, saint, saint, saint est le Dieu des armées, p.p.n.

Vous qui dissipez nos ténèbres et éclairez nos esprits, p.p.n.

Vous qui nous annoncez les choses divines, p.p.n.

Vous qui avez de Dieu la charge de garder les hommes, p.p.n.

Vous qui contemplez toujours la face du Père céleste, p.p.n.

Vous qui avez une grande joie de la conversion du pécheur, p.p.n.

Vous qui avez retiré le juste Loth du milieu des pécheurs, p.p.n.

Vous qui montiez et descendiez par l'échelle de Jacob, p.p.n.

Vous qui avez annoncé la joie au monde en la naissance du Sauveur, p.p.n.

Vous qui l'avez servi dans le désert, après son jeûne de quarante jours, p.p.n.

Vous qui avez porté Lazare dans le sein d'Abraham, p.p.n.

Vous qui étiez en habits blancs au près du sépulcre de Jésus, p.p.n.

Vous qui avez parlé aux disciples, aussitôt que Jésus fut monté au ciel, p.p.n.

Vous qui accompagnerez Jésus en son dernier jugement, p.p.n.

Vous qui présentez nos oraisons à Dieu, Vous qui nous fortifiez au dernier combat, à l'heure de la mort. p.p.n.

Vous qui tirez du purgatoire les âmes qui sont assez purifiées, p.p.n.

Vous qui faites des miracles par la puissance divine, p.p.n.

Vous qui présidez aux états et aux monarchies, p.p.n.

Vous qui délivrez les amis de Dieu de tous dangers, p.p.n.

Vous qui avez consolé les martyrs dans leurs tourments, p.p.n.

Vous qui protégez d'un soin particulier les prélats et les princes, p.p.n.

Tous les ordres et hiérarchies des bien heureux esprits, p.p.n.

Ieschouah, délivrez-nous de tout malheur et danger.

Ieschouah, délivrez-nous de toute attaque et malice du démon.

Ieschouah, délivrez-nous d'une mort soudaine et imprévue.

Ieschouah, délivrez-nous de la mort et damnation éternelle.

Agneau de Dieu, qui effacez les péchés du monde, pardonnez-nous !

Agneau de Dieu, qui effacez les péchés du monde, exaucez-nous !

Agneau de Dieu, qui effacez les péchés du monde, ayez pitié de nous !

O Père céleste, exaucez ma prière et que mes cris parviennent jusqu'à vous.

Oraison

O Père céleste, qui partagez par un ordre admirable les divers ministères et les fonctions des Anges et des hommes, accordez-nous, par votre grâce, que ceux qui assistent toujours dans le ciel en votre présence pour nous servir, défendent aussi notre vie sur la terre.

Par Ieschouah notre Maître et Seigneur, qu'il en soit ainsi !

Amen !

14. CONFRÉRIE DE LA BONNE MORT

Vous retrouverez ces informations et la possibilité de suivre la première formation de cette confrérie à l'adresse : www.BonneMort.org

Origines de la Confrérie de la Bonne Mort

La condition de l'être humain est d'être mortel. Nous sommes nés et nous mourons, voilà notre certitude. Toutefois, cette angoisse originelle fut progressivement atténuée par le développement de la philosophie associée aux croyances et rites religieux. Plus tard, des cérémonies plus complexes impliquant une réelle expérience intérieure furent élaborés. Ce furent les initiations, certaines d'entre elles étant aujourd'hui toujours bien vivantes.

Parmi celles-ci, l'Ordre Kabbalistique de la Rose-Croix et l'Archiconfrérie de Ieschouah perpétuent les lignées les plus authentiques d'un ésotérisme judéo-chrétien remontant aux groupes gnostiques des premiers siècles.

C'est dans ce contexte et sous ces auspices que la « Confrérie de la Bonne Mort » a de nouveau été autorisée à œuvrer à partir du 2 novembre 2020 pour le bien des vivants et des morts.

Bien que de semblables groupes existèrent il y a bien longtemps dans la tradition occidentale, c'est au 19e siècle, que de telles confréries se développèrent. L'église catholique leur offrit sa protection. Puis progressivement ces groupes disparurent un à un, alors que les personnes en fin de vie et mourantes étaient écartées par une société moderne occidentale ne sachant plus comment considérer la mort.

Les prières et pratiques occultes de ces confréries furent conservés par l'OKR+C et l'Archiconfrérie de Ieschouah. Ce sont elles qui sont de nouveau offertes à tous ceux et celles qui veulent se préparer à une mort paisible et une protection efficace lors du passage vers le monde spirituel.

Bien que cette chaîne fraternelle soit ouverte à tous, la « Confrérie de la Bonne Mort » s'adresse avant tout à ceux qui sont attachés à la tradition judéo-chrétienne. Il existe évidemment des équivalents à cette confrérie dans d'autres traditions.

Buts et principes de la Confrérie de la Bonne Mort

- Le but de la Confrérie est avant tout d'obtenir la grâce de bien mourir, tout en obtenant par la prière et les pratiques spirituelles une bonne mort pour l'ensemble des frères et sœurs.
- Tous les frères et sœurs s'engagent à assister spirituellement et matériellement les membres de cette chaîne spirituelle lors de la mort d'un des leurs.
- Tous se placent sous la protection de Ieschouah, de la Vierge Marie, des Saints Anges Gardiens et de Saint Joseph patron de la confrérie afin d'éviter une mort douloureuse.
- Tous se préparent par une purification et des pratiques spirituelles régulières à une vie glorieuse dans le royaume céleste.
- Les frères et sœurs prient pour le mourant et anime spirituellement le « sceau de passage » détenu par le membre.
- Les frères et sœurs peuvent participer aux "Mystères de la Bonne Mort" sous les conditions expliquées dans le manuel de la confrérie.

Être reçu dans la Confrérie de la Bonne Mort

A notre époque, il est très simple d'être reçu dans la confrérie et cela se passe en deux étapes.

La première consiste à suivre la courte formation présentée sur cette page et accessible immédiatement. A la suite de celle-ci, vous aurez la possibilité de vous inscrire en tant que membre actif de la confrérie.

Une fois devenu membre, vous pourrez immédiatement utiliser le manuel de la confrérie, faire partie de la chaîne spirituelle et participer à toutes les réunions organisées. Vous pourrez également prononcer votre engagement individuel.

Vous serez ensuite reçu solennellement dans la confrérie lors de d'une des 3 réceptions annuelles se déroulant le 1er Dimanche de Janvier ; le 3e Dimanche après Pâques, fête du Patronage de S. Joseph ; le 3e Dimanche de Septembre, fête de Notre-Dame des Sept Douleurs.

Si vous faites partie de l'Archiconfrérie de Ieschouah, une cérémonie particulière existe pour ceux qui souhaitent aller plus loin dans l'approche et la maîtrise de la mort et portant le nom de "Mystère de la Bonne Mort".

Pour résumer :

1e étape : Inscription à la formation préalable présentée sur cette page

2e étape : Inscription à la « Confrérie de la Bonne Mort » sur la page de la Confrérie.

3e étape : Réception solennelle (soit localement, soit en direct sur Internet)

4e : (Optionnel pour les membres de « l'Archiconfrérie de Ieschouah » : cérémonie des "Mystères de la Bonne Mort".)

Vous retrouverez ces informations et la possibilité de suivre la première formation de cette confrérie à l'adresse : www.BonneMort.org

15. ARCHICONFRÉRIE DE IESCHOUAH

Présentation

Il est important de se souvenir de trois choses essentielles :
1- Le cœur de la Kabbale chrétienne est la révélation de la nature et du rôle de Ieschouah.
2- L'Ordre Kabbalistique de la Rose-Croix fut le premier Ordre Rose-Croix moderne à exister.
3- L'essence du mouvement Rose-Croix est religieuse, tant par la transmission authentique de pouvoir au sein de sa lignée, que par les rites qu'elle possède.

L'Archiconfrérie de Ieschouah est un groupe d'hommes et de femmes ayant reçu cette transmission cachée des mystiques chrétiens, les sacrements internes de la lignée religieuse de la kabbale chrétienne et qui se sont placés sous la haute protection de Ieschouah. Il n'est pas requis d'être déjà membre de l'Ordre Kabbalistique de la Rose-Croix pour intégrer l'Archiconfrérie de Ieschouah.

Origine de l'Archiconfrérie de Ieschouah

Chacun sait que la lignée occulte des Illustres Grands Patriarches de l'Ordre Kabbalistique de la Rose-Croix fut toujours constituée de mystiques et religieux ayant été en charge de diverses églises connues. Cette succession a assuré une transmission continue de l'autorité et des pouvoirs sacerdotaux et occultes rattachés à Ieschouah. C'est elle qui est présente dans l'Archiconfrérie de Ieschouah.

Vous pouvez obtenir plus de renseignements sur la nature et le fonctionnement de l'archiconfrérie à l'adresse internet suivante : www.ieschouah.org

Made in the USA
Middletown, DE
11 May 2023

30386660R00031